35521794R00068

Made in the USA
Lexington, KY
05 April 2019